BIBLIOTHÈQUE ALGÉRIENNE.
2ᵉ SÉRIE. — LANGUE ARABE

DIALOGUES ARABES

PAR

H. COTELLE

3ᵉ Édition. — Relié en toile, 2 fr. 50 cent.

ALGER

Dubos Frères, Imprimeurs Libraires, Éditeurs

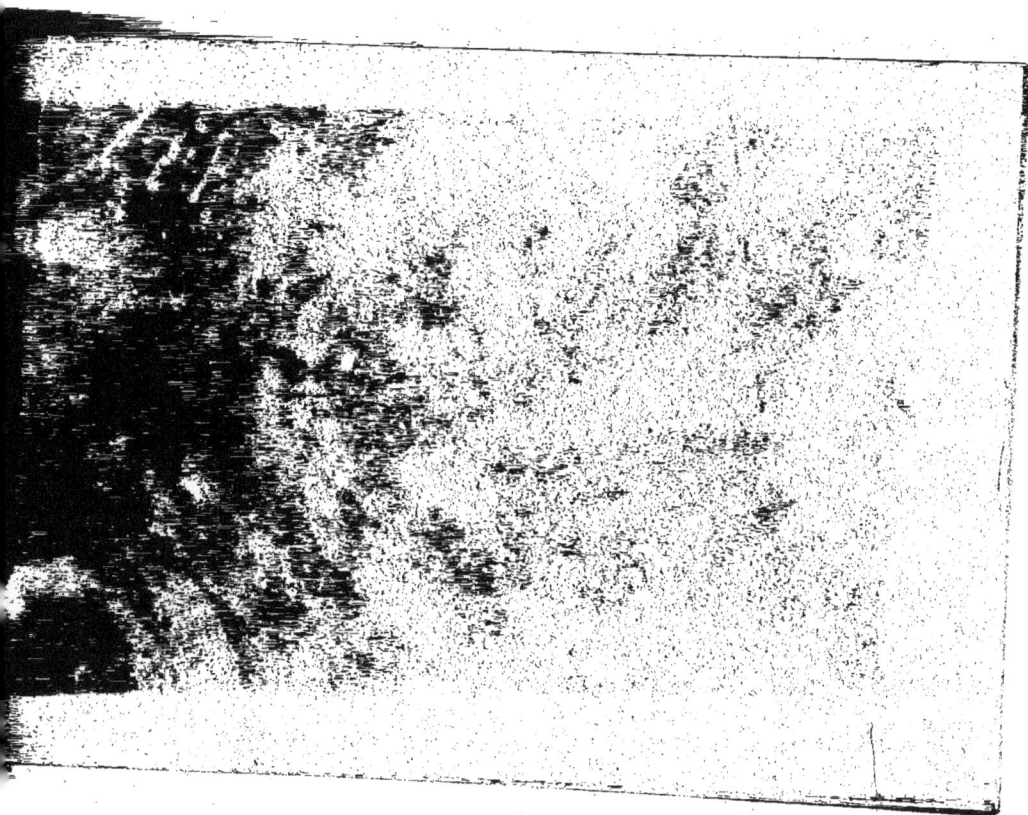

64 ??

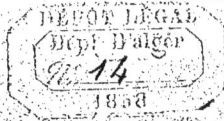

LE LANGAGE ARABE ORDINAIRE

ou

DIALOGUES ARABES ÉLÉMENTAIRES.

TROISIÈME ÉDITION

ALGER. — IMPRIMERIE DUBOS FRÈRES

(C)

LE LANGAGE ARABE ORDINAIRE

ou

DIALOGUES ARABES

ÉLÉMENTAIRES,

DESTINÉS AUX FRANÇAIS QUI HABITENT L'AFRIQUE

Et que leurs occupations retiennent à la campagne ou dans les différentes localités

DE L'ALGÉRIE,

Par H. COTELLE,

DROGMAN DU CONSULAT GÉNÉRAL DE FRANCE A TUNIS.

———— ◦◦ ————

ALGER

DUBOS FRÈRES, IMPRIMEURS-LIBRAIRES-ÉDITEURS,

RUE BAU-AZOUN.

AVANT-PROPOS.

—o※o—

Un des premiers besoins de la population française en Algérie, est celui de communiquer par la parole avec les indigènes.

C'est surtout pour ceux qui habitent les campagnes et les petites localités que cette nécessité existe. Nous avons pensé qu'un ouvrage simple et facile à saisir, qui pourrait en peu de temps initier les Européens aux expressions de la langue arabe, rendrait un véritable service à la colonie. Tel est le but que nous nous sommes proposé. Notre petit livre serait insuffisant, nous devons le dire, à ceux qui voudraient pénétrer dans les difficultés de la langue arabe ; mais, tel qu'il est, nous avons la conscience de son utilité relative. Nous avons exposé en quelques lignes les principes élémentaires de la langue vulgaire ; nous avons divisé par chapitres les objets, les plantes et les animaux de toute nature dont on est entouré à la campagne. Enfin nous nous sommes efforcés de réunir, en quelques dialogues, la plupart des expressions, des phrases et des locutions les plus usuelles et les plus indispensables.

Nous ne saurions trop dire que les principes de grammaire dont nous avons cru devoir faire précéder les dialogues sont de l'ordre le plus élémentaire ; mais que cependant, dans son ensemble, notre livre nous paraît suffisant pour atteindre son but, c'est-à-dire, pour guider les premiers pas des personnes qu'une pratique constante familiarisera plus tard avec la langue arabe.

PRINCIPES ÉLÉMENTAIRES.

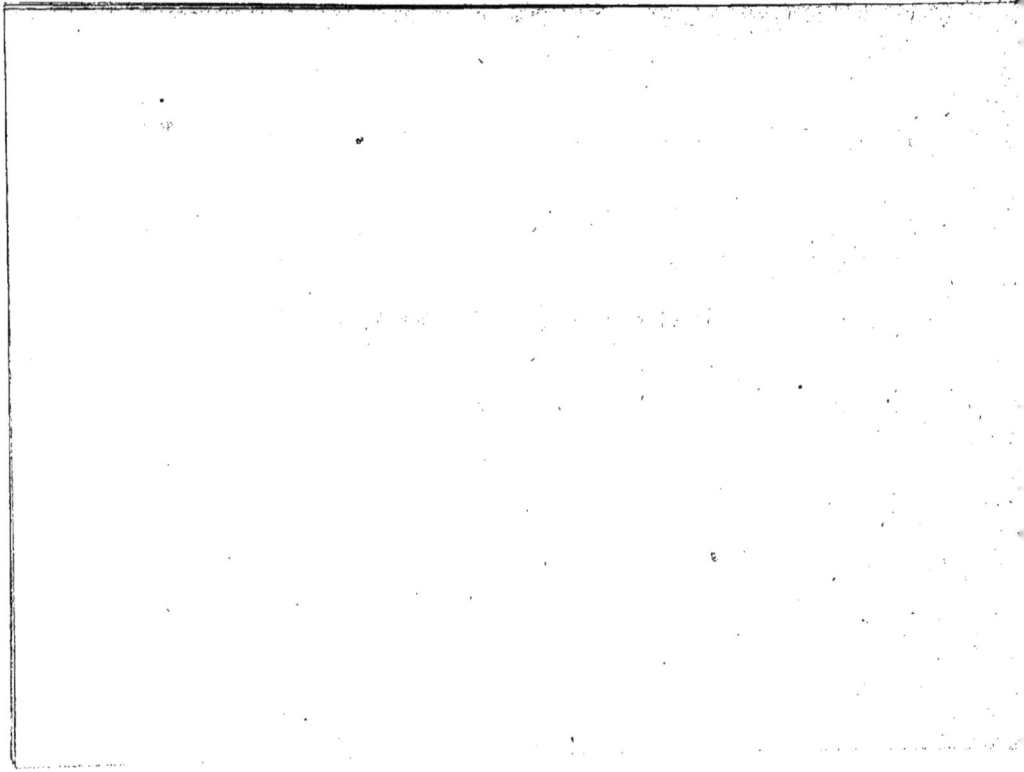

PRINCIPES ÉLÉMENTAIRES.

ALPHABET ARABE.

Noms des Lettres.	Finales.	Médiales.	Initiales.	Isolées.	Valeur en français.
ALIF.	ـا	ـا	ا	ا	a, e.
BA.	ـب	ـب	بـ	ب	b.
TA.	ـت	ـت	تـ	ت	t.
TSA.	ـث	ـث	ثـ	ث	ts, th anglais.
DJIM.	ـج	ـجـ	جـ	ج	dj, j.
HHA.	ـح	ـحـ	حـ	ح	hh guttural.
KHA.	ـخ	ـخـ	خـ	خ	kh.
DAL.	ـد	ـد	د	د	d.
DZAL.	ـذ	ـذ	ذ	ذ	d, dz.
RA.	ـر	ـر	ر	ر	r, .
ZIN.	ـز	ـز	ز	ز	z.
SIN.	ـس	ـسـ	سـ	س	s sifflant.

Noms des Lettres.	Finales.	Médiales.	Initiales.	Isolées.	Valeur en français.
CHIN.	ش	ش	ش	ش	ch.
SSAD.	ص	ص	ص	ص	ss.
DHAD.	ض	ض	ض	ض	dh.
THA.	ط	ط	ط	ط	th.
DHA.	ظ	ظ	ظ	ظ	dh, zh.
AÏN.	ع	ع	ع	ع	â, ê, î, ô.
GHAÏN.	غ	غ	غ	غ	gh, r grassayé.
FA.	ف	ف	ف	ف	f.
QAF.	ق	ق	ق	ق	q, qu.
KEF.	ك	ك	ك	ك	k.
LAM.	ل	ل	ل	ل	l.
MIM.	م	م	م	م	m.
NOUN.	ن	ن	ن	ن	n.
HÉ.	ه	ه	ه	ه	h faible.
OUAOU.	و	و	و	و	ou, w.
IA.	ي	ي	ي	ي	y, i, ei.
LAM-ALIF.	لا	لا	لا	لا	la.

DE L'ARTICLE.

L'article est invariable en arabe; c'est le mot *El* qui veut dire à lui seul : *le, la, les.* — Ex : Le cheval, *El* âoud. — ال.

DU SUBSTANTIF.

Les substantifs en arabe sont masculins ou féminins. Un substantif masculin étant donné, il suffit le plus souvent, pour former son féminin, de lui ajouter la terminaison *a*. Ex : Chien, *Kelb* ; Chienne, *Kelba*. Mas. : كلب ; fém. كلبة.

DU PRONOM.

Le pronom le plus essentiel à connaître est le pronom possessif. Il se rend en arabe par la simple addition d'une syllabe à la fin du substantif dont on veut indiquer la possession. Ces syllabes sont : *I, ek, ou, na, koum, houm.* ي, كـ, ه, نا, كم, هم.

Mon.	*I.*	— Mon cheval,	*doud-i.*	عودي
Ton.	*Ek.*	— Ton cheval,	*doud-ek.*	عودك
Son.	*Ou.*	— Son cheval,	*doud-ou.*	عوده
Notre.	*Na.*	— Notre cheval,	*doud-na.*	عودنا
Votre.	*Koum.*	— Votre cheval,	*doud-koum.*	عودكم
Leur.	*Houm.*	— Leur cheval,	*doud-houm.*	عودهم

DU VERBE.

Tous les verbes arabes se composent, quant à leur conjugaison, d'une racine invariable (sauf les exceptions qui seront signalées plus loin) précédée ou suivie de syllabes
fort simples qui forment toutes les personnes.

Il n'y a que trois temps, *le Présent, le Passé, l'Impératif.*

1° Le Présent sert à lui seul à indiquer toutes les nuances du présent et du futur.

2º Le Passé seul exprime toutes les nuances du passé. 3º L'Impératif joue le même rôle qu'en français : il sert à commander.

DES PERSONNES DU PRÉSENT OU FUTUR.

Supposez, comme ci-dessous, que la racine que vous voulez conjuguer soit représentée par un trait : — Vous la ferez précéder ou suivre des syllabes qui précèdent ou suivent ce trait. Ex. :

	Mot français.		Racine.			
Je	—	n	—	je mange,	n-*akoul.*	نَاكل
Tu	—	t	—	tu manges,	t-*akoul.*	تَاكل
Il	—	i	—	il mange,	i-*akoul.*	ياكل
Nous	—	n	— ou.	nous mangeons,	n-*akoulou.*	نَاكلوا
Vous	—	t	— ou.	vous mangez,	t-*akoulou.*	تَاكلوا
Ils	—	i	— ou.	ils mangent,	i-*akoulou.*	ياكلوا

DE L'IMPÉRATIF.

Le singulier se forme en général en mettant un *a* devant la racine, et le pluriel en insérant la racine entre *a* et *ou*. Ex. : Ecris, A *keteb*. Ecrivez, A *ketebou*. اكتبوا, اكتب

DES PERSONNES DU PASSÉ.

Supposez, comme dans l'exemple ci-dessous, que la racine que vous voulez conjuguer soit représentée par un trait : — et ajoutez-y les syllabes qui suivent ce trait. Ex. :

	Mot français.	Racine arabe.			
J'ai	—	—	t	J'ai écrit,	*keteb*-t. كتبت
Tu as	—	—	t	Tu as écrit,	*keteb*-t. كتبت
Il a	—	—	D	Il a écrit,	*keteb*-D. كتب
Nous avons	—	—	na	Nous avons écrit,	*keteb*-na. كتبنا
Vous avez	—	—	tou	Vous avez écrit,	*keteb*-tou. كتبتوا
Ils ont	—	—	ou	Ils ont écrit,	*keteb*-ou. كتبوا

— 17 —

On voit que rien n'est plus simple que cette conjugaison, qui s'applique à tous les verbes réguliers.

En admettant qu'on l'appliquât à tort à des verbes irréguliers, on n'en serait pas moins presque toujours compris, et c'est là le seul résultat que ce petit traité puisse produire. D'ailleurs la restriction de notre cadre ne nous permet pas de parler des règles propres aux verbes irréguliers.

DU VERBE AVOIR.

Le verbe *avoir* se rend au Présent et au Futur par le mot *and*, suivi de syllabes bien simples; comme ci-dessous :

J'ai ou j'aurai,	*and i.*	عندي
Tu as ou tu auras,	*and ek.*	عندك
Il a ou il aura,	*and ou.*	عنده
Nous avons ou nous aurons,	*and na.*	عندنا

2

Vous avez ou vous aurez,	*and koum.*	عندكم
Ils ont ou ils auront,	*and houm.*	عندهم

Pour le Passé, il suffit d'ajouter le mot *kan* devant le mot *and*. Ex :

J'ai eu,	*kan andi.*	كان عندي
Tu as eu,	*kan andek.*	كان عندك
Il a eu,	*kan andou.*	كان عنده
Nous avons eu,	*kan andna.*	كان عندنا
Vous avez eu,	*kan andkoum*	كان عندكم
Ils ont eu,	*kan andhoum.*	كان عندهم

DU VERBE ÊTRE.

Le verbe *être* se rend au Présent par le mot *ra*, suivi de syllabes comme ci-dessous :

Je suis,	*ra–ni.*	راني
Tu es,	*ra–k.*	راك
Il est,	*ra–ou.*	راه
Nous sommes,	*ra–na.*	رانا
Vous êtes,	*ra–koum.*	راكم
Ils sont,	*ra–houm.*	راهم

Au Futur, il se rend par le mot *koun* comme ci-dessous :

Je serai,	*ne-koun.*	نكـون
Tu seras,	*te-koun.*	تكـون

Il sera,	i-koun.	يكون
Nous serons,	ne-kounou.	نكونوا
Vous serez,	te-kounou.	تكونوا
Ils seront,	i-kounou.	يكونوا

Au Passé, il se rend comme ci-après :

J'ai été,		J'étais,	kount.	كنت
Tu as été,		Tu étais,	kount.	كنت
Il a été,	ou	Il était,	kan.	كان
Nous avons été,		Nous étions,	kounna.	كنّا
Vous avez été,		Vous étiez,	kountou.	كنتوا
Ils ont été,		Ils étaient,	kanou.	كانوا

Le mien, la mienne, le tien, la tienne; le sien, la sienne, etc., etc., se rendent par le mot *dial* ou le mot *mtâ*, suivis des mêmes syllabes que les substantifs, pour indiquer les cas ou les personnes. ديال امتاع

De, dans le sens du *ex* du latin, se rend par *men*. Ex. : Il est venu de la ville, *Dja men el blad.* جا من البلد

Aujourd'hui : *elioum*, اليوم ; demain : *ghodoua*, غدا ; hier : *elbarah*, البارح.

Pourquoi, *âlaiche*; avant, *qobel*; après, *bâd*; sur, *âla*; au-dessus, *fouq*; au-dessous, *tahht*; devant, *qoddame*; derrière, *oura*.

Çe, cet, celui-ci, celui-là, celle-ci, celle-là, ceux-ci, celles-là, ceux-là, se rendent par le seul mot *hada* pour le masculin, *hadi* pour le féminin, *hadou* pour le pluriel.

Celui qui, celle qui, ceux qui, dont, etc., se rendent par le mot invariable *Elli*. Ex. :

Celui-ci est venu,	*hada dja.*	هذا جا
Ceux-ci sont venus,	*hadou dja ou.*	هذوا جا وا
Celui qui est venu,	*elli dja.*	الي جا
Ceux qui sont venus,	*elli dja ou.*	الي جا وا

Tel est l'exposé du simple mécanisme de la langue arabe ; rien n'est plus élémentaire, mais rien n'est plus facile à saisir.

A l'aide des principes qui précèdent, on pourra toujours se faire comprendre.

En arabe, il faut toujours chercher l'expression la plus simple et la moins longue.

La construction est fort logique et doit se disposer ainsi : 1° le sujet, 2° le verbe, 3° le régime direct, 4° le régime indirect.

Il est essentiel, dans la prononciation des mots arabes contenus dans ce livre, de bien tenir compte des accents aigus, graves ou circonflexes dont seront affectées les voyelles.

VOCABULAIRE.

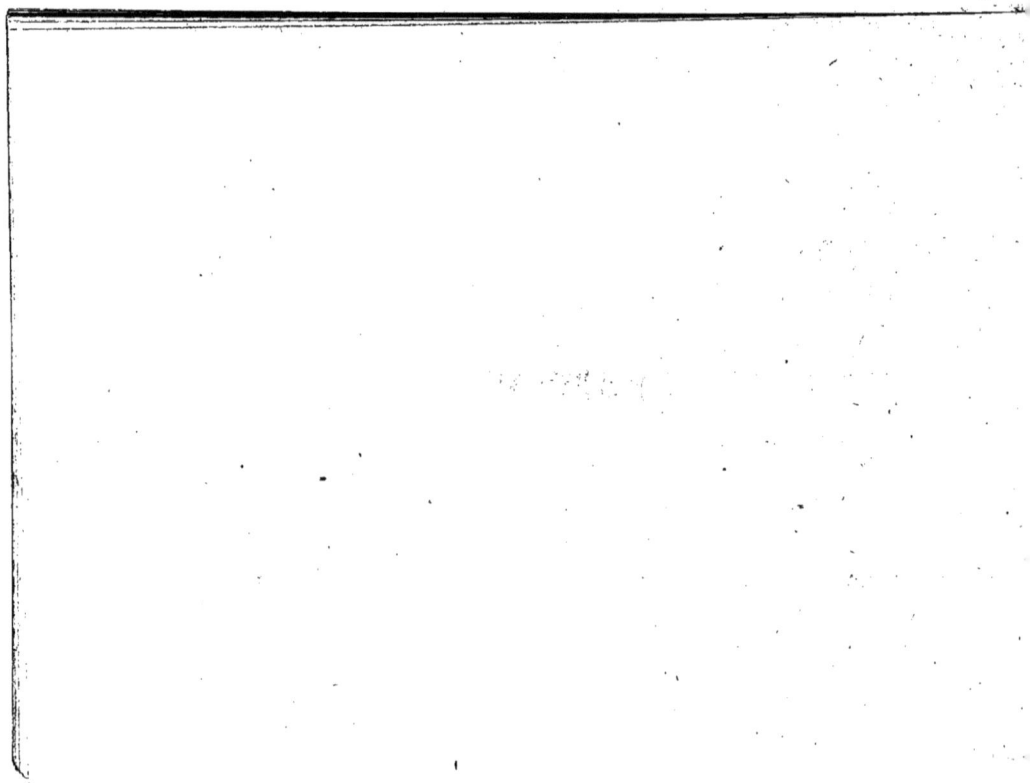

VERBES LES PLUS USUELS.

Atteler,	rebot.	ربط	Arroser,	resch.	رش
Arracher,	qold.	فلع	Abreuver,	seqa.	سقى
Acheter,	chera.	شرا	Biner,	kesahh.	كسح
Aller,	mecha.	مشا	Bécher,	djeraf.	جروف

Couper,	qetâ.	فطع
Courir,	djera.	جــرا
Creuser,	hhafar.	حفر
Coucher (se),	reqod.	رقد
Fleurir,	nouar.	نور
Fumer (la terre),	zebbel.	زبل
Greffer,	leqqam.	لقم
Gagner,	rebahh.	ربح
Gâter,	fassed.	فسد
Graisser,	dehen.	دهن
Hâter (se),	astâdjel.	استعجل
Habiller,	lebes.	لبس
Herser,	deres.	درس

Laver,	ghessel.	غسل
Lever (se),	qâm.	قام
Manger,	kla.	كلا
Moissonner,	hhassod.	حصد
Marquer,	rechem.	رشم
Planter,	gheross.	غرس
Puiser,	djebedel-ma.	جبدالما
Porter,	refed.	رفد
Prendre,	kheda.	خذا
Piocher,	hhafar.	حفر
Plaindre (se),	echteka.	اشتكى
Semer,	zerâ.	زرع
Travailler,	khedèm.	خدم

Français	Transcription	Arabe	Français	Transcription	Arabe
Tailler (une étoffe),	*fessel.*	فصل	Voir,	*chaf.*	شاف
Venir,	*dja.*	جا	Voyager,	*sefer.*	سهر
Voler,	*serraq.*	سرق	Vendre,	*baâ.*	باع
Vouloir,	*hhab.*	حبّ			

OBJETS QUE L'ON TROUVE DANS UNE CAMPAGNE.

Français	Transcription	Arabe	Français	Transcription	Arabe
Maison,	*dar. f.*	دار	Terrasse,	*stahh.*	سطح
Cour,	*ouost ed dar*	وسط الدار	Écurie,	*makhezen.*	مخزن
Mur,	*hheit.*	حايط	Mangeoire,	*medouèd.*	مدود
Chambre,	*bit.*	بيت	Puits,	*bir.*	بير
Porte,	*bab.*	باب	Corde,	*hhabel.*	حبل
Fenêtre,	*tâqa.*	طاقة	Seau,	*bilioun.*	بيليون

Cuisine,	khiama.	خيامة
Fourneau,	nafeukh.	نافخ
Galerie,	derbouz.	دربوز
Colonne,	arsa.	عرصة
Voûte,	sâbât.	صاباط
Escalier,	droudj.	دروج
Échelle,	selloum.	سلوم
Cheminée,	medkhena.	مدخنة
Fontaine,	aïn.	عين
Citerne,	magene.	ماجن
Vestibule,	squifa.	سفيفة
Marche,	derdja.	درجة

Banc,	banc.	بنق
Brosse,	chita.	شيتة
Fouet,	sout.	سوط
Voiture,	carroussa.	كاروسة
Roue,	âdjela.	عجلة
Essieu,	meghezel.	مغزل
Chaîne,	selsela.	سلسلة
Robinet,	bezim.	بزيم
Tuile,	qarmoud.	قرمود
Briques,	ladjour.	لاجور
Carreaux,	zelaïdj.	زلايج
Vitres,	zedjadj.	جاج

ANIMAUX ET CE QUI LES CONCERNE.

Bœuf,	feurd.	فرد	Mouton,	kebch.	كبش
Vache,	begra.	بقرة	Brebis,	nâdja.	نعجة
Cheval,	doud.	عود	Bouc,	âtrouss.	عتروس
Jument,	fereus.	فرس	Chèvre,	mâza.	معزة
Mulet,	bagheul.	بغل	Porc,	hhallouf.	حلوف
Mule,	bagheula.	بغلة	Truie,	hhalloufa.	حلوفة
Ane,	hhamar.	حمار	Chien,	kélb.	كلب
Anesse,	hhamara.	حمارة	Chienne,	kèlba.	كلبه
Chameau,	djemel.	جمل	Veau,	oukrife.	وكريف
Chamelle,	naga.	ناقة	Sanglier,	hhallouf el ghâba.	حلوف الغابة

Chat,	qot.	فط	Panthère,	nemeur.	نمر
Coq,	serdouk.	سردوك	Cuir,	djeld.	جلد
Poule,	djadja.	دجاجة	Peau,	djeld.	جلد
Canard,	brak.	براك	Toison,	djezza.	بجزة
Oie,	ouaz.	وز	Corne,	qorn.	قرن
Pigeon,	hhamam.	حمام	Os,	ddám.	عظم
Dindon,	djadja-el hend.	دجاجة الهند	Fumier,	zebel.	زبل
Perdrix,	hhadjela.	حجلة	Laine,	souf.	صوف
Caille,	semmana.	سمانه	Fer à Cheval,	sfihha.	سفيحة
Lièvre,	eurnéb.	ارنب	Tête,	ras.	راس
Lapin,	guenin.	قنين	Corps,	Djesèd.	جسد
Chakal,	dib.	ديب	Patte,	redjel.	رجل
Lion,	sbá.	سبع	Queue,	zaqá.	زعكة

Plume,	rich.	ريش	Dents,	senan.	سنان
Peau,	djeld.	جلد	Bec,	monqar.	منقار
Poil,	châr.	شعر	Œil,	aïn.	عين

HARNAIS.

Selle,	serdj.	سرج	Bride,	ledjam.	لجام
Etrier,	rekab.	ركاب	Mors,	fass.	فاس
Sangle,	hhezam.	حزام	Gourmette,	hholka.	حلقة
Harnais,	hhordj.	حرج	Bât,	berdâ.	بردعة

CE QU'ON VOIT DANS LA CAMPAGNE.

Montagne,	djebel.	جبل	Village,	douar.	دوار
Bois,	ghába.	غابة	Tente,	guitoun.	فيطون
Rivière,	ouad.	واد	Broussailles,	ghába.	غابة
Prairie,	merbá.	مربع	Jardin,	djenan.	جنان
Vigne,	árich.	عريش	Puits à roue,	noria.	نورية
Marais,	meurdja.	مرجة	Fleurs,	nouar.	نوار
Chemin,	triq.	طريف	Arbres,	chedjour.	شجر
Fossé,	hhafir.	حفير	Branches,	árouf.	عروب
Pont,	qantara.	فطرة	Feuilles,	ouraq.	أوراق

Jardin potager,	bakheira.	بحيرة	Pierres,	hhadjeur.	حجر
Terre labourée,	ard mehhe-	أرض محروث	Sable,	romel.	رمل
	rout.		Poussière,	ghobar.	غبار
Épines,	chouk.	شوك			

CÉRÉALES, GRAINES ET LÉGUMES.

Blé,	qomhh.	فمح	Pois chiches,	lablabi.	لبلابي
Orge,	châïr,	شعير	Tomate,	tomatech.	تماتش
Foin,	gourt.	كورت	Salade,	salata.	سلاطة
Pois,	djelbana.	جلبانة	Artichaut,	qarnoun.	فرنون
Haricots,	loubia.	لوبية	Fève,	foul.	وول
Lentilles,	âdes.	عدس	Épinards,	spinar.	سپينار

3

Français	Transcription	Arabe
Ail,	toum.	ثوم
Persil,	mâdenous.	معدنوس
Céleri,	kerfes.	فرقس
Verdure,	khodera.	خضرة
Oseille,	hhommaïd.	حميض
Melon,	bettikh.	بطيخ
Pastèque,	dellâ.	دلاعة
Courge,	qard.	فرع
Choux,	qrombit.	كرمبيت
Asperges,	seqqoum.	سكوم
Concombres,	khïar.	خيار
Oignons,	bosal.	بصل
Carottes,	zerodia.	زروديه

Français	Transcription	Arabe
Herbe,	haehich.	حشيش
Graine,	zeriâ.	زريعة
Bouture,	ghosn.	غصن
Semence,	zeriâ.	زريعة
Paille,	teben.	تبن
Capre,	kebbar.	قبار
Choux-fleur,	flour.	بلور
Navets,	lefd.	لفد
Pommes de terre,	batata.	بطاطة
Cardons,	khorchef.	خرشف
Cresson,	qarsa.	قرصة
Aubergine,	bedennejan.	بدنجان
Radis,	mechetehi.	مشتهي

INSTRUMENTS DE TRAVAIL ET DE LABOURAGE.

Français	Transcription	Arabe	Français	Transcription	Arabe
Charrue,	mahharet.	محرات	Corde,	hhabel.	حبل
Pioche,	fas el ârbi.	فاس العربي	Ficelle,	spaoulo.	صباولو
Joug,	keffa.	كفة	Bêche,	fas.	فاس
Charrette,	karroussa.	كروسة	Faucille,	mendjel.	منجل
Brouette,	carreta sghira.	كاريطة صغيرة	Marteau,	qadouma.	قدومة
Meule,	rehha.	رحا	Clou,	mesmar.	مسمار
Arrosoir,	merescha.	مرشة	Rabot,	memelsa.	مملسة
Panier,	qouffa.	قفة	Scie,	menchar.	منشار
Sac,	chekara.	شكارة	Fourche,	fourka.	فوركة

Serpette,	mendjila.	منجيلة	Acier,	dekir.	ذكير
Aiguillon,	mahamat.	محمة	Plomb,	rsas.	رصاص
Bois (de con-			Cuivre,	nekhas.	نحاس
struction),	hhatob.	حطب	Argent,	fodda.	فضة
Fer,	hhadid.	حديد	Or,	dahab.	دهب

PRINCIPAUX ARBRES.

Olivier,	chedjerat ez zitoun.	شجرة الزيتون
Chêne vert,	senedian.	سنديان
Liége,	feurdj en nis.	برج النيس
Pommier,	chedjerat et téffah.	شجرة التفاح
Poirier,	chedjerat el lendjas.	شجرة الانجاس

Prunier,	chedjerat el douïne.	شجرة العوين
Cerisier,	chedjerat hab el melouk.	شجرة حب الملوك
Vigne,	âriche.	عريش
Peuplier,	safsaf.	صفصاف
Cèdre,	senoubeur.	صنوبر
Palmier,	nakhela.	نخلة
Poivrier,	chedjerat el félfél.	شجرة الفلفل
Laurier,	round.	رند
Lentisque,	kemkam.	كمكام
Figuier,	chedjerat el karmous.	شجرة الكرموص
Pêcher,	chedjerat el khoukh.	شجرة الخوخ
Abricotier,	chedjerat el mechmache.	شجرة المشماش

Bananier,	*chedjerat el mouze.*	شجرة الموز
Oranger,	*chedjerat el tchina.*	شجرة الچينة
Citronnier,	*chedjerat el lime qâreuse.*	شجرة الليم فارص
Grenadier,	*chedjerat er rommân.*	شجرة الرمان
Cyprès,	*seroula.*	سروله
Jujubier,	*annab.*	عناب
Noyer,	*djouza.*	جوزة
Vigne rampante,	*dalia.*	دالية
Cassier,	*chedjerat elban.*	شجرة البان
Figuier de Barbarie,	*karmous en Nsara.*	كرموص النصارى

FLEURS, ARBUSTES ET FRUITS.

Rosier,	chedjerat el ouerd.	شجرة الورد
Rose,	ouerda.	وردة
OEillet,	gronfel.	فرنفل
Framboisier,	álliq.	عليق
Fraisier,	tout el qda.	قوت الفاع
Bouton,	blaleut.	بلالط
Jasmin,	iasmîn.	ياسمين
Géranium,	abra errdï.	أبرة الرامي
Giroflée,	khîli.	خيلي

Jasmin d'Arabie,	*feul.*	فل
Pavot,	*kheuchkhach.*	خشخاش
Soleil,	*aïn echchems.*	عين الشمس
Violette,	*bellesfondj.*	بنسفنج
Narcisse,	*nerdjes.*	نرجس
Jacinthe,	*elias.*	الياس
Lis,	*sisan.*	سيسان
Cassis,	*ban.*	بان
Laurier-rose,	*defela.*	دفلة
Raisin,	*ânèb.*	عنب
Amandes,	*louz.*	لوز
Raisin sec,	*zebib.*	زبيب
Capucine,	*chebir bacha.*	شبر باشا

Après avoir réuni ci-dessus les mots les plus usuels dans le langage vulgaire, nous allons donner quelques dialogues où l'on rencontrera des phrases applicables à tous les besoins des habitants de la campagne. Chaque dialogue sera suivi d'observations.

Nota. — On devra s'efforcer de prononcer les lettres de convention hh, kh, a, gh, q, h, selon les indications du tableau de la première page.

DIALOGUES.

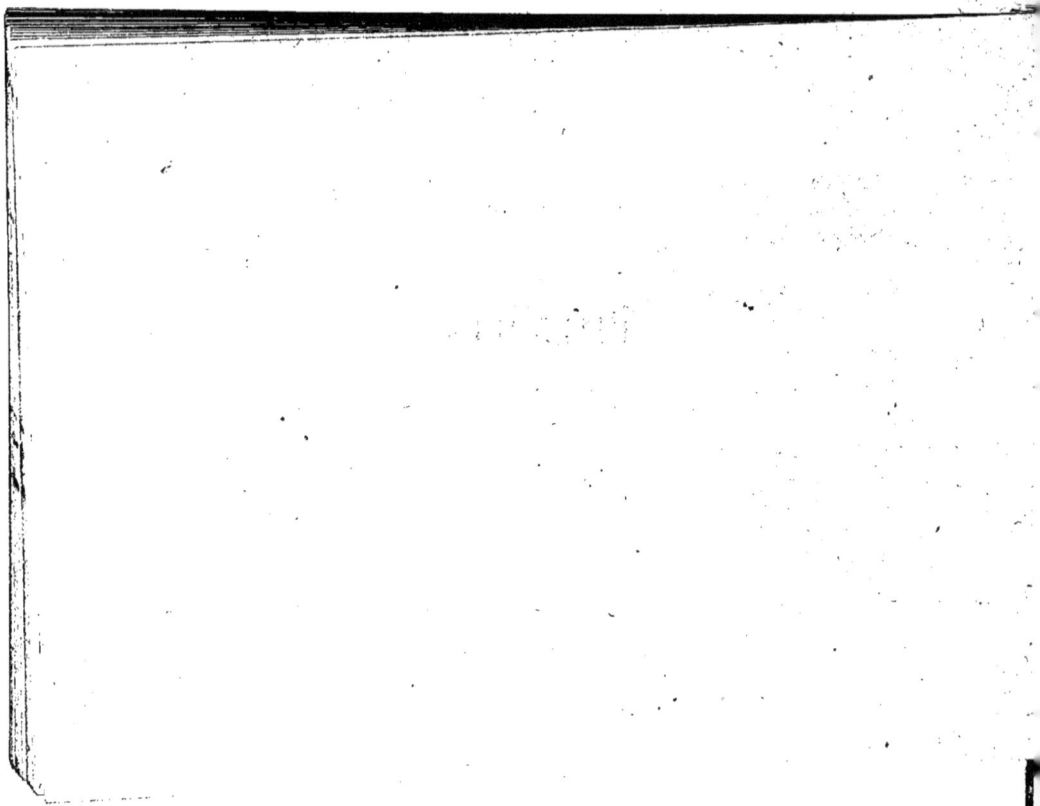

DIALOGUES.

–∞–

CHAPITRE I.

—

LE MATIN. — الصباح — *Essbah.*

1. Allons ! levez-vous.
   Aya goumou.

2. Il est encore de bonne heure.
   Mazal bekri.

3. Il est déjà tard.
   Mecha el hhal.

أيها قوموا

مازال بكري

مشا الحال

4. Le soleil est levé.
  Tlate eschems.

  طلعت الشمس

5. Donnez à manger aux animaux.
  Atiou lezzouaïl iakoulou.

  اعطيوا للزوايل ياكلوا

6. Mettez aux chevaux leurs harnais.
  Ermi elhhardj dla ezzouail.

  ارمى الحرج على الزوايل

7. Préparez les charrues.
  Hhadderou el meharets.

  احضروا المحاريث

8. Attachez les bœufs sous le joug.
  Erbotou el kaffa dlelfrad.

  اربطوا الكبة على الفراد

9. Ouvrez les pigeonniers.
  Hhollou bit el hhamam.

  حلوا بيت الحمام

10. Ouvrez les poulaillers.
  Hhollou bit el djadj.

  حلوا بيت الدجاج

11. Allez traire la vache.
  Emchi ehhleb el begra.

  امشى احلب البقرة

12. Allez traire les chèvres.
Emchi ehhaleb el maïze.

13. Donnez du foin aux animaux.
Atiou el gourt lezzouaïl.

14. Donnez de l'orge aux animaux.
Atiou ech chdir lezzouaïl.

15. Aujourd'hui on labourera.
Elioum nehheretou.

16. Aujourd'hui on creusera un fossé.
Elioum nehhaferou saquia.

17. Les volailles ont-elles mangé?
Klaou chi et tiour.

18. Les poules ont-elles pondu?
Bad chi eddjadj?

19. Mettez les œufs à part.
Khobiou ouled djadj fi moudd.

امشي احلب المعيز

اعطيوا الكَورت للزوايل

اعطيوا الشعير للزوايل

اليوم نحرثوا

اليوم نحفروا سافية

كلاوا شى الطيور

باض شى الدجاج

خبيوا ولد الدجاج في موضع

20. Mettez-les dans un endroit sec.
Hhottouhoum fi moudâ chaihh.

خطوهم في موضع شايح

21. Combien y en a-t-il?
Qaddach fihoum.

قداش فيهم

22. Il faut les faire couver.
Lazem nekerkouhoum.

لازم نكركوهم

23. Avons-nous une poule prête à cou-ver?
Andna chi djadja hadera bach neker-kouha?

عندنا شي دجاجة حاضرة باش نكركوها

24. Y en a-t-il qui restent sur le nid de-puis quelques jours?
Andna chi djadj raqodin fouq el cûche fi had elaïam?

عندنا شي دجاج راقدين فوق العش في هذه الايام

25. Y a-t-il des pigeonneaux là-haut?
Kan chi feroukh el fouq.

كان شي فروخ الفوق

26. Y en a-t-il qui pondent?
Kan chi elli badou?

كان شى اللّى باضوا

27. Y en a-t-il qui couvent?
Kan chi elli ikerekou?

كان شى اللّى يكركوا

28. Enlevez le fumier de l'étable.
Khardjou ezzebal men el mekhezen.

خرجوا الزبل من المخزن

29. Portez-le au tas avec la brouette.
Eddiouou lelzebbala bel karrousa.

اديوه لزبالة بالكروسة

30. Mettez de la litière fraîche.
Hhottou tebenne djedide.

حطوا تبن جديد

31. Attelez les bœufs à la charrue.
Erbotou el ferade mâ el maharete.

اربطوا الفراد مع المحراث

32. En avant!
Ialla,

يالله

33. Partez.
Emchiou,

امشيوا

34 Vous reviendrez à midi.
Terdjáou aud el álame.

ترجعوا عند العلام

35. Allez nettoyer la cour.
Emchiou tekenessou ouost eddar.

امشيوا تكنسوا وسط الدار

36. Lavez-la bien.
Erselou ou melchh.

اغسلوه مليح

57. Battez le beurre.
Emkhodou ezzebda.

امخضوا الزبدة

38. Allumez du feu.
Echaálou en nar.

اشعلوا النار

59. Je vais sortir ; veillez bien à tout.
Machi nokhredj roddou balkoum ala koul chi.

ماشي نخرج ردّوا بالكم على
كل شي

40. Je reviendrai dans une heure.
Nouelli bád sáa okhora.

نولّي بعد ساعة أخرة

41. Dites à un tel de venir.
Qoulou lflane idji.

42. Cherchez-le.
Efettechouh.

43. Revenez vite.
Ouelliou fissda.

قولوا لفلان يجي

فتشوه

ولّيوا فى الساعة

***

٤.

OBSERVATIONS SUR LE CHAPITRE I.

La phrase numéro 2 offre un exemple des idiotismes propres à la langue arabe : *Mazal bekri*, mot à mot : *pas a cessé d'être de bonne heure.*

Le numéro 3 nous montre aussi un idiotisme : *Mecha el hhal* veut dire à la lettre : *A marché le temps.*

Le nº 5 fait voir que pour rendre en arabe un verbe français à l'infinitif, on tourne *Donnez aux animaux, ils mangent.*

Le nº 15 apprend la manière de rendre en arabe le pronom *on;* on tourne : *Aujourd'hui nous labourerons.* Généralement quand on veut rendre en arabe le pronom *on* suivi d'un verbe, il faut retrancher *on* et mettre le verbe à la troisième personne plurielle du Présent.

Le nᵒ 32 nous fournit l'observation suivante : les mots, *en avant! en marche! allons! en route! alerte!* se rendent tous par *ialla.*

Le nᵒ 44 fait voir que *un tel* se rend en arabe par *flane.*

Le nᵒ 45 nous fait voir que les mots *vite, promptement, lestement, en un clin d'œil, à l'instant, sur l'heure* et autres synonymes, peuvent se rendre en arabe par le mot *fissda;* à la lettre : *dans l'heure.*

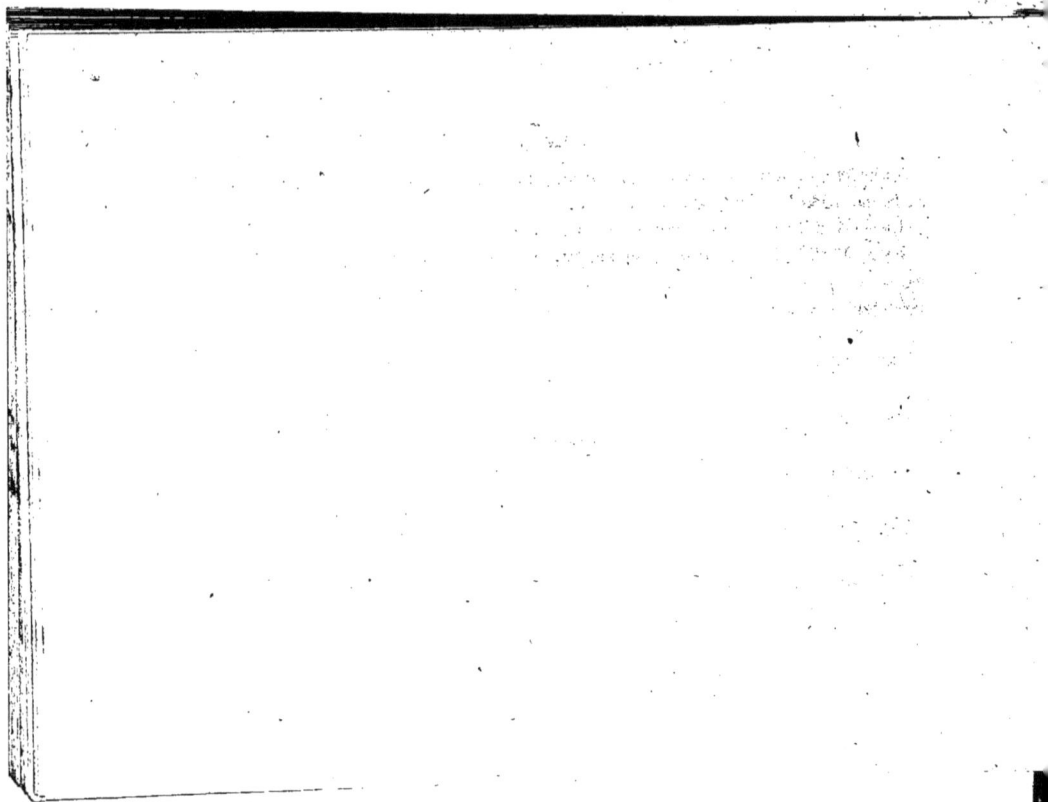

CHAPITRE II.

—∞—

LE SOIR. — المسا — El msa.

1. Il est tard.
Mecha el hhal.

مشا الحـال

2. Il faut rentrer.
Lazème nouelliou leddar.

لازم نوليوا للدار

3. Il faut retourner à la maison.
Lazème nouelliou leddar.

لازم نوليوا للدار

4. Emmenez les bœufs.
Eddiou el ferad.

5. Emmenez les chevaux.
Eddiou el khile.

6. Conduisez-les à l'écurie.
Eddihoum lel mekhezen.

7. Enlevez les harnais.
Erfedou el hhordj.

8. Menez-les boire.
Esqi houm.

9. Donnez-leur à manger.
Atiou houm iakoulou.

10. Faites rentrer les volailles.
Dakhelou et tiour.

11. Fermez le poulailler.
Oghelqou bit ed djadj.

اديوا البراد
اديوا الخيل
اديهم للمخزن
اردوا الحرج
اسقيهم
اعطيوهم ياكلوا
دخلوا الطيور
اغلقوا بيت الدجاج

12. Qu'avez-vous fait aujourd'hui ?
    Ache âmeltou elioum?
13. Nous avons labouré.
    Hheretna.
14. Nous avons achevé le labour d'hier.
    Kemmelna elheureute mtá elbarahh.
15. Avez-vous semé?
    Zerátou chi.
16. Avez-vous bêché?
    Kesahhtou chi?
17. Avez-vous arrosé?
    Rechétou chi?
18. D'où venez-vous?
    Men aine djitou?
19. Allez-vous coucher.
    Emchiou torgodou.

اش عملتوا اليوم

حرثنا

كملنا الحرث امتع البارح

زرعتوا شى

كسحتوا شى

رشتوا شي

من اين جيتوا

امشيوا ترفدوا

20. Fermez bien les portes.
Oghelqou mlehh el bibane.

21. Fermez bien les fehêtres.
Oghelqou mlehh et touaqi.

22. Ne laissez pas la porte ouverte.
Ma tkhalliou chi elbab mahheloule.

23. Ne laissez pas ceci dehors.
Ma tkhalliou chi hada barra.

24. On pourrait les voler.
Icnedjemou iserreqou houm.

25. Avez-vous mangé?
Klitou chi?

26. Les animaux ont-ils mangé?
Ezzouail klaou chi?

27. N'y en a-t-il pas de malade?
Ma fichi menhoum merid?

اغلفوا مليح البيبان

اغلفوا مليح الطوافى

ما تخليوا شى الباب محلول

ما تخليوا شى هذا برّا

ينجموا يسرفوهم

كليتواشي

الزوايل كلاوا شى

ما فى شي منهم مريض

28. N'y en a-t-il pas de déferré?
Ma fichi menehoum bighair sefihha?

ما فيشي منهم بغير سفيحة

29. Demain nous achèverons cela.
Ghodoua nekemmelou hada.

غدوا نكملوا هذا

30. Réveillez-moi de bonne heure.
Quiemou-ni bekri.

فيموني بكري

31. Nous irons au marché.
Nrouhhou lessouq.

نروحوا للسوق

32. Nous avons un cheval malade.
Andna doud mrid.

عندنا عود مريض

33. Nous en avons d'autres.
Andna okherin.

عندنا اخرين

34. Le malade ne sortira pas.
Elli houa mrid ma ikhredje chi.

الى هو مريض ما يخرج شي

35. Il faudra aller demain chercher le vété-
rinaire.
Lazem ghodoua tedjibou el bitar.

لازم غدوا تجيبوا البيطار

36. Que faire à cela?
  Ache nâmelou le hada?

أش نعملوا لهذا

37. Il n'y a rien à faire.
  Ma audi ma nâmel.

ماعندي ما نعمل

38. C'est une blessure légère.
  Hadi djerhha seghirà.

هذي جرحة صغيرة

39. C'est une blessure grave.
  Hadi djerhha sdiba.

هذي جرحة صعيبة

40. C'est une blessure mortelle.
  Hadi djerhha yemoute biha.

هذي جرحة يموت بها

41. Il faut abattre ce cheval.
  Lazem tedebhhou had el áoud.

لازم تذبحوا هذا العود

42. Ecorchez-le avec soin.
  Selkhouh mlehh.

سلخوه مليح

43. Vous ferez sécher la peau.
  Tenechefou djeldou.

تنشفوا جلده

— 61 —

OBSERVATIONS SUR LE CHAPITRE II,

Le n° 2 nous apprend que les mots *il faut, il est utile, il serait bon, il est nécessaire,* etc., etc., se rendent par *lazème.*

Le n° 12 nous fait voir que les mots *qui, que, quoi* interrogatifs se rendent par le seul mot *ache,* mis avant le verbe.

Le n° 15 nous montre que l'interrogation se rend au moyen du mot *chi,* placé après le verbe. Ex. : Avez-vous? *Andek chi.*

Les nᵒˢ 22 et 23 nous font comprendre que la négation se rend en arabe au moyen de l'insertion du verbe entre les mots *ma* et *chi.*

Le n.º 25 contient une exception à la règle que nous avons donnée pour mettre un verbe au Passé. La racine du verbe *manger* étant *kla*, on devrait dire *klatou-chi* ; c'est ici le cas d'apprendre au lecteur que les verbes terminés en *a* à la racine, changent généralement cet *a* en *i* dans toute la conjugaison. Il y a cependant des verbes qui conservent le son de *a* dans toute la conjugaison. On les apprendra par l'usage.

CHAPITRE III.

~∞~

LE MARCHÉ. — السوق — *Essouq.*

1. Allons! il faut partir.
   Aya lazeme nemchiou.

   ايها لازم نمشيوا

2. Je vais aller au marché.
   Rani machi lessouq.

   رانى ماشى للسوق

3. Le marché est-il loin?
   Essouq rahou chi bâid?

   السوق راه شى بعيد

4. Il n'est pas éloigné.   هو ماشي بعيد
   Houa machi báid.

5. Nous voici arrivés.   رانا وصلنا
   Rana ousolna.

6. Tenez-moi mon cheval.   شدّ لي عودي
   Chedo li âoudi.

7. Où vend-on les légumes?   فاين يبيعوا الخضرة
   Faine ibiou el khodora?

8. Où vend-on les moutons et les bœufs?   فاين يبيعوا الغنم والبراد
   Faine ibióu el ghenem ou al frade?

9. Où vend-on les grains?   فاين يبيعوا الزرع
   Faine ibióu ezzerá?

10. Où vend-on les poules?   فاين يبيعوا الدجاج
   Faine ibióu eddjadje?

11. Je veux acheter un cheval.   نحب نشري عود
   Nehhabbe nccheri doud.

12. Je le veux jeune.
Nehhabb ikoun sghir.

نحـب يكون صغير

13. Je le veux blanc.
Nehhabbou ebiodde.

نحبّه ابيض

14. Je le veux noir.
Nehhabbou ekhhal.

نحبّه اكحا

15. Je le veux rouge.
Nehhabbou ahhmeur.

نحبّه احمر

16. Je veux acheter deux bœufs.
Nehhab necheri zoudj ferad.

نحبّ نشري زوج فراد

17. J'ai besoin de 25 moutons.

Nestehhaq ala khamsa ou acherin kebch.

نستحقّ على خمسة و عشرين كبش

18. Combien ces deux chèvres?
Qaddach had ezzoudj maiz?

فدّاش هذه الزوج معيز

5

19. Cela est bien cher.
Hada ghali bezzaf.

هذا غالى بالزّاف

20. Je vous en offre...
Natik fih....

نعطيك فيه...

21. Voulez-vous me les donner à ce prix?
Tatihoum-chi bes souma hadi?

تعطيهم شى بالسّومة هذى

22. Je n'y ajouterai rien.
Ma nezid chi.

ما نزيد شى

23. Je ne puis vous les donner à ce prix.
Ma nendjem chi natihoum lek bessouma hadi.

ما ننجم شى نعطيهملك بالسّومة هذي

24. C'est à prendre ou à laisser.
Khod ouella khalli.

خذ والّا خلّى

25. Allons, ajoutez quelque chose.
Aya zid chouia.

ايه زيد شوية

26. Quel âge a ce cheval ?
Had el doud qaddach ómrou ?

هذا العود فداش عمره

27. Sait-il traîner la voiture ?
Idraf chi idjebed el karroußa ?

يعرف شى يجبد الفروسة

28. Où pourrais-je trouver une bonne mule?
Fâïn nelqd baghela mlihha ?

فاين نلقى بغلة مليحة

29. Allons acheter des poules.
Nemchiou necheriou eddjàdj ?

نمشيوا نشريوا الدجاج

30. Combien ces œufs? (1)
Qaddach had el oulad eddjadj ?

فداش هذوا الاولاد الدجاج

31. Combien ce pot de beurre?
Qaddach had el hhallab zebda ?

فداش هذا الحلاب زبدة

32. Je vous en offre tant par livre.
Nâtik fi koul reṭol.

نعطيك فى كل رطل ....

33. Combien la mesure de blé?
Qaddach sâ mta el gomch ?

فداش صاع متاع القمح

(1) Mot à mot : *Combien ces les petits des poules?*

54. Combien vaut le sac d'orge? فداش صاع الشعير
   Qaddach sá el chéir?

35. Combien vaut le sel? فداش يسوا الملح
   Qaddach isoua el melhh?

36. J'ai besoin de semence. نستحقّ الزرع
   Nestehhaq ezzera?

37. En avez-vous de bonne? عندك شى زرع مليح
   Andek chi zeráa mlihh?

38. Je la eux de l'année dernière. نحبّه من العام الاخر
   Nahhabhou men el áame el akhór.

39. Où puis-je trouver deux chiens de باين نلفا زوج كلاب للعسة
   garde?
   Fain nelqa zoudj klab lelusia?

40. Ce chien est très-méchant. هذا الكلب واعر بالزاف
   Had el kelb ouár bezzaf.

41. Il mord.
Iáde.

يعض

42. Ce cheval rue.
Had el doud iscuk.

هذا العود يسكّ

43. Ce cheval boite.
Had el doud yáfer.

هذا العود يعثر

44. Parlez plus poliment.
Etkellem bed drafa.

انكلّم بالظرافة

45. Vous êtes un malhonnête.
Rak qobihk bezzaf.

راك فبيح بالزاوب

46. Je vais me plaindre au caïd du marché.
Machi nechteki l' caid essouq.

ماشى نشتكى لفايد السوف

47. Je me plaindrai contre vous au bureau arabe.
Nechetck bik l' dar l'agha.

نشتكى بك لدارالاغه

48. Cet Arabe m'a insulté. — العربى هذا سخسسخنى
   El ârbi hada sokhsokh li.

49. Celui-ci m'a volé. — هذا سرق لى
   Hada serroq-li.

50. Il y a beaucoup de monde au marché aujourd'hui. — اليوم ناس بالزاف فى السوق
   Elioum nas bezzaf fi essouq.

51. Il y en a plus qu'au dernier. — اكثرمن فى السوق الاخر
   Akter men fi essouq el akhor.

52. Il y en a moins qu'au dernier. — اقل من فى السوق الاخر
   Aqal men fi essouq el akhor.

53. Quittons le marché. — نمشيوا من السوق
   Nemchiou men essouq.

54. Donnez-moi mon cheval. — جيب لى عودى
   Djib li âoudi.

55. Voilà pour votre peine.
Khodh khaqqek.

56. Je vous remercie.
Alla iketter kheirek.

57. Adieu.
ٱbqa ála khéir.

58. Dieu vous garde.
Alla ihennik.

خد حقّك

الله يكثر خيرك

ابقى على خير

الله يهنّيك

OBSERVATIONS SUR LE CHAPITRE III.

On remarque que la plupart des phrases françaises de ce chapitre sont traduites en arabe par le singulier, quoiqu'elles soient au pluriel en français. Cela vient de ce que les Arabes se tutoient tous. Le pluriel n'a été conservé dans les deux premiers chapitres que parce qu'on était censé parler à plusieurs individus. Les nos 13 et suivants donnent des noms de couleurs ; en voici une liste plus complète.

Blanc,	*abiod,*	ابيض
Noir,	*akhhal,*	اكحل

Rouge,	ahmeur,	أحمر
Bleu,	azeroq,	أزرف
Jaune,	asfeur,	أصفر
Vert,	akhedeur,	أخضر
Gris,	remadi'	رمادي

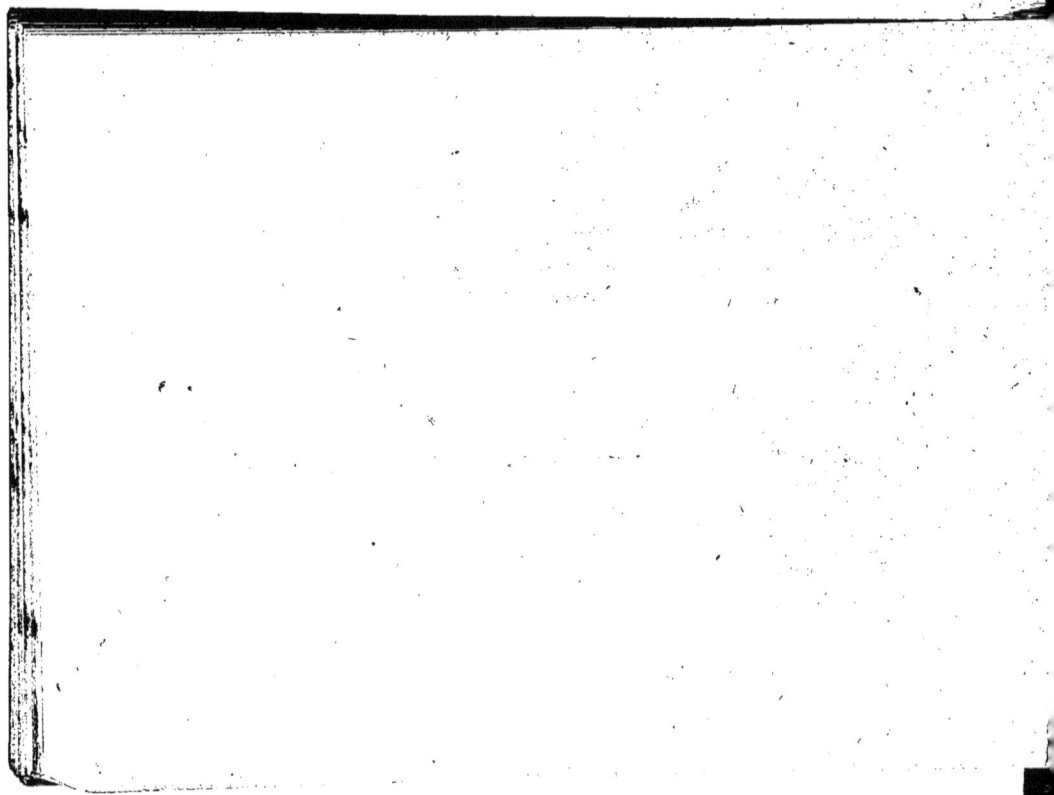

CHAPITRE IV.

—∞—

LA CHASSE. — الصيادة — *Es siada.*

1. Allons à la chasse.
   Nemchiou les siada.

2. Soit.
   Ma âlih.

5. Prenons nos fusils.
   Nakhodou moukehhalna.

نمشيوا للصيادة

ما عليه

ناخدوا مكاحلنا

4. Mon fusil est sale.
Moukehhalti mouessekha.

5. Cela ne fait rien.
Ma kan hadja.

6. Où allons-nous?
Fain nemchiou?

7. De ce côté.
Men had ed djiha.

8. Y a-t-il du gibier?
Kan chi siada?

9. Beaucoup, dit-on.
Iqoulou bezzaf.

10. Battons cette montagne.
Aya nessetadou fi had ed djebel.

11. Battons ce bois.
Aya nessetadou fi had el ghaba.

مكحلتى موسخة

ماكان حاجة

وين نمشيوا

من هذه الجهة

كان شى صيادة

يقولوا بالزاف

ايها نصطادوا فى هذا الجبل

ايها نصطادوا فى هذة الغابة

12. Voici une perdrix.
   Hahi hadjela.

ماهى حجلة

13. En voici une autre.
   Hahi ouahhad okhera.

ماهى واحد أخرة

14. Tirez-la.
   Sciebe dliha.

سيّب عليها

15. Vous l'avez tuée.
   Qotelt ha.

فتلتها

16. Je l'ai vue tomber.
   Choft ha tetihh.

شفتها بطيح

17. Elle s'est envolée de nouveau.
   Taret merra okhra.

طارت مرّة أخرة

18. Elle est blessée.
   Hia medjeroukha.

هى مجروحة

19. Nous la retrouverons.
   Nesibou-ha.

نصيبوها

20. Pourquoi n'avez-vous pas tiré?   علاش ما سيّبت شي عليها
    Alaich ma siebt chi áliha?

21. Mon fusil a raté.   مكحلتي كذبت
    Moukahlti kedebet.

22. Voici un lièvre.   هاهو ارنب
    Hahou arneb.

23. Voici une caille.   هاهى سمانة
    Hahi semmana.

24. Regardèz la remise.   شوف وَاين حطّت
    Chouf faïne hhotetc.

25. Elle s'est posée.   حطّت
    Hhottete.

26. Faites-la lever.   حيّرها
    Hhaïerha.

27. Vous avez un bon chien.   عندك كلب مليح
    Andch kelb mleih.

28. Voilà un sanglier.
Hahou khallauf el ghdba.

هاهو خلوف الغابة

29. Comme il court !
Qaddach idjri.

قداش يجرى

30. Je suis fatigué.
Aïet.

عييت

51. Il faut rentrer à la ferme.
Lazème nouelliou lel hhaoucha

لازم نوليوا للحوش

32. Qu'avez-vous tué?
Ache derobte.

اش ضربت

33. 5 perdrix, 1 lièvre, 1 caille, 1 poule
de Carthage, et beaucoup d'étour-
neaux.
Tlata hhadjel, ou arneb, ou semmana, ou
rád, ou zourzour bezzaf.

ثلاثة حجل وارنب وسمانة ورعد وزرزور بالزاف

34. C'est une bonne chasse.
Hadi ciada mlihha.

هذي صيادة مليحة

35. Je me suis ennuyé.
Daq khatri.

36. Adieu.
Ebqa âla kheir.

37. Une autre fois, s'il plaît à Dieu, nous se-
rons plus heureux qu'aujourd'hui.
*Marra okhra , in cha-llah, nâmelou syada
kheir min el ioum.*

ضاق خاطري

ابقى على خير

مرة اخرى ان شاالله نعملوا
صيادة خير من اليوم

OBSERVATIONS SUR LE CHAPITRE IV.

Le n° 1 fait voir que *à*, indiquant la direction vers un endroit, se rend par la lettre *l* qu'on met avant l'article qui accompagne l'endroit qu'on désigne. Ex. : Je vais à la maison, *nemchi leddar*.

Le n° 8 nous indique que l'expression interrogative *y a-t-il?* se rend par *kan chi*.

Le n° 24, *Chouf faïne khotete* veut dire à la lettre : *Voyez où elle s'est posée.*

Le n° 27 nous fournit l'exemple suivant : le mot *un*, d'un usage si fréquent en fran çais, ne se rend pas en arabe à moins qu'il n'indique expressément l'unité.

Le n° 29 nous montre que *comme*, marquant l'étonnement, se rend par *qaddach*.

Le n° 35 contient un idiotisme arabe. *Dak khatri* veut dire à la lettre : *Ma volonté s'est rétrécie.*

CHAPITRE VI.

—∞—

JARDIN POTAGER ET JARDINAGE.

1. Bniez bien la terre.
   Aksahh mlehh el ard.

2. Rendez-la bien meuble.
   Rodde et trabe rotobe bezzaf.

3. Couvrez-la de fumier.
   Ghobbeur bez zebel.

اكسح مليح الارض

ردّ التراب ارطب بالزاف

غطّي بالزبل

4. Il serait bon d'arroser.
Lazem teseqi.

لازم تسقى

5. Avez-vous arrosé?
Seqite chi?

سقيت شي

6. Arrosez bien.
Esqi mlehh.

اسقى مليح

7. Allez cueillir de la salade.
Emchi teloqqote salata.

مشى تلقط سلاطة

8. Allez cueillir des légumes.
Emchi teloqqote khodera.

امشى تلقط خضرة

9. Où est la pioche?
Faine el fasse el arbi?

فاين الفاس العربى

10. Avons-nous de bonne graine?
Àndena chi zeriâ mlikha?

عندنا شى زريعة مليحة

11. En avons-nous de l'année dernière?
Anana chi mtâ el âme el aouel?

عبدنا شى امتاع العام الاول

12. Allez arracher des pommes de terre.
Emchi eqolá el batata.

13. Où sont les melons ?
Faine el beltikh?

14. Les pastèques sont-elles belles?
Ed dellâate mlahh chi ?

15. Ne les laissez pas manquer d'eau.
Ma tekhalli houm chi bla ma.

16. Pourquoi n'avez-vous pas arrosé ce matin?
Alaiche ma squite chi elioum essebahh?

17. Je crois qu'il est temps de tailler.
Idehour li dja ouôqte el ezzeber.

18. Savez-vous tailler?
Taraf chi tezeber ?

امشى اقلع البطاطة

وباين البطيخ

الدلاغات ملاح شي

ما تخليهم شي بلاما

علاش ما سقيت شى اليوم الصباح

يظهرلي جاء وقت الزبر

تعروف شى تزبر

19. Je veux planter ce soir des boutures de vigne.
نحب العشية نغرس فصيان
Nehhaïb el âchia negheresse qodebane.

20. Nous aurons du fruit cette année.
العام هذا يولد الغلة بالزاف
El âme haha iouled elghola bezzaf.

21. Allez choisir un beau melon.
امشي تخطار بطيخة مليحة
Emchi tekhtar bettikha mlihha.

22. Celui-ci est trop mûr.
هده طيبة بالزيادة
Hadi taïeba bezziada.

23. Celui-ci est trop vert.
و هذه مازالت خضرا
Hadi mazalet khdeyra.

24. Celui-ci est à point.
   Hatta taicb mlehh.

25. La grêle a abîmé tout.
   Et tebrouri fesed koul chi.

26. Le vent fait tomber les fruits.
   Errich îtaiahh el gholla.

27. La chaleur leur est nuisible.
   Essekhana tedorreha.

28. Voilà un beau jardin.
   Had ed djènan mlihh.

29. Il y a beaucoup de fleurs.
   Fih nouar bezzaf.

30. Il y a beaucoup de roses.
   Hena oueurd bezzaf.

31. A qui appartient-il ?
   Achekoini moulah ?

هذا طيب مليح

التبروري فسد كل شي

اريح يطيّح الغلة

السخانة تضرها

هذا الجنان مليح

فيه نوار بالزاف

هنا ورد بالزاف

اش كون مولاه

32. Peut-on le visiter?
Nendjeme chi neteferredje fih ?

نجم شي نتفرج فيه

33. Il est grand.
Houa kebir bezzaf.

هو كبير بالزاف

34. Il est petit.
Houa sghir.

هو صغير

35. Il est entouré d'un mur.
Daire bih hheite.

داير به حايط

36. Y a-t-il de l'eau?
Kan chi el ma fih

كان شي الما فيه

37. Oui.
Naâm.

نعم

38. C'est un grand avantage.
Hadi hadja mlihha bezzaf.

هذي حاجة مليحة بالزاف

39. Tarit-elle en été?

Ighour chi fes sîfe?

يغور شي في الصيف

40. Oui, quand il fait très-chaud.

Naâm, kif el hhale houa skhoun bezzaf.

نعم كيف الحال هو سخون
بالزاف

41. Comment fait-on pour arroser?

Kifache iâmelou bache isqiou?

كيفاش يعملوا باش
يسقيوا

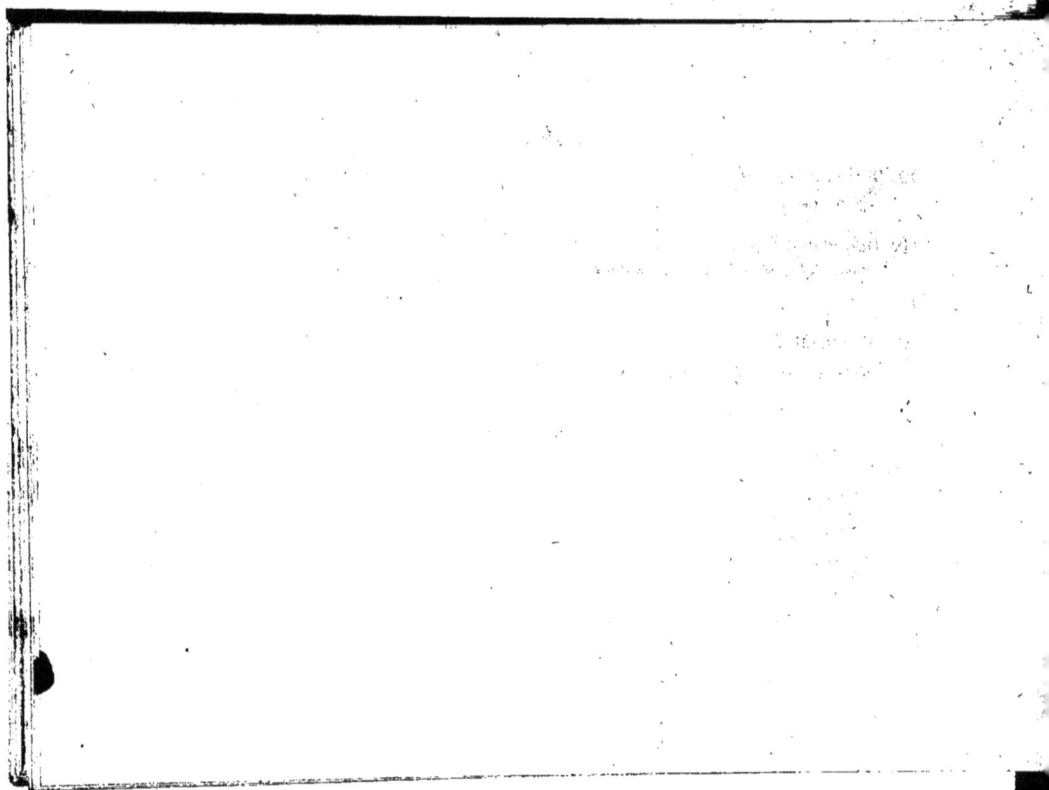

CHAPITRE VI.

-∞-

ACHAT DE DENRÉES.

1. Voici une belle journée.
   Elioum el hhall mlihh.

2. C'est vrai.
   Bessahh.

3. Allons chez sidi Mohammed.
   Nerouhhou and sidi Mohammed.

اليوم الحال مليح

بالصح

نروحوا عند سيدي محمد

4. Où demeure-t-il?
   Faine iskons?

ڢاين يسكن

5. Dans cette ferme au milieu de la plaine.
   Fi had el khaouche fi ouost el outa.

فى هذا الحوش فى وسط الوطا

6. A côté de la montagne.
   Qoddam el djebel.

فدام الجبل

7. Nous parlerons avec lui de quelques affaires que nous avons ensemble.
   Netkellemou mâah âla bâd el hhadjat elli binou ou binna.

نتكلموا معه على بعض الحاجات
اللي بينه وبينّا

8. Partons.
   Nemchiou.

نمشيوا

9. Nous voici arrivés.
   Rena ouçolna.

انا وصلنا

10. Sidi Mohammed est-il ici?
Sidi Mohammed rahou chi hena!

سيدي محمد راه شى هنا

11. Il vient de sortir.
Derouoq khoredj.

دروف خرج

12. Appelez-le et dites-lui que monsieur un tel est venu pour lui
parler.
*Aietou ou qoul lou es sid flane dja bache
itkellem mâah.*

عيّطه وقول له السيد بلان جـا
باش يتكلم معه

13. Bonjour, sidi Mohammed, comment
vous portez-vous?
*Sbahh el kheir, ia sidi Mohammed ouache
enta?*

صباح الخير يـا سيدى محمد
واش انت

14. Je suis venu vous voir pour causer avec
vous de quelques affaires.
*Djit lek bache netkellem mâak dla bdd
el hhadjat.*

جيت لك باش نتكلم معك
على بعض الحاجات

15. Qu'avez-vous à me dire?
Ache ândek ma teqoul li?

اش عندك ما تقول لي

16. J'ai entendu dire que vous avez des laines à vendre et je voudrais vous les acheter.
Smât iqoulou belli ândek souf lelbie ou ma da bia necherihou mennek.

سمعت يقولوا بلّي عندك صوف للبيع و ما ذا بى نشريه منك

17. En avez-vous beaucoup?
Ândekchi bezzaf mennou?

عندك شى بالزاف منه

18. Sont-elles de belle qualité?
Houa mlihh chi?

هو مليح شى

19. Sont-elles en toisons, ou coupées?
Rahou chi bel djezza ou ella mequctouc?

راه شى بالجزة والّا مقطوع

20. Combien pèse le tout?
Qaddach iouzene beldjemela?

قداش يوزن بالجملة

21. Combien en voulez-vous?
Qaddach tehhabe fih?

فداش تحب فيه

22. Je trouve ce prix trop élevé.
Had es souma ghalia bezzaf.

هذة السومة غالية بالزاو

23. A l'autre marché on les vendait...
Fi essouk el akhor kanou ibiêou ô...

فى السوق الاخر كانوا يبيعوه بـ ....

24. C'est vrai, mais elles ont augmenté de prix.
Belhhaq, lakenni essouma ghelat.

بالحف لكن السومة غلات

25. Combien m'en offrez-vous?
Qaddach tatini fih?

فداش تعطينى فيه

26. Je ne puis vous en offrir que... par livre.
Ma neemchi nâtik aktar men..... ber retol.

ما ننجم شى نعطيك اكثر من .... بالرطل

27. Vous ajouterez quelque chose?
Tenedjem tezid chouia?

نحجم تزيد شوية

28. Non, je n'ajouterai rien à ce que je
vous ai dit.
La, ma nezid chi fouq essouma elli átitha lek.

لا ما نزيد شى فوق السومة الي عطيتها لك

29. En vérité je ne puis pas.
Ouollah ma nenedjem chi.

�والله مانجم شى

30. Allons, prenez-les.
Aia, khod houm.

يها خذهم

31. Je vous paierai au prochain marché,
nous nous y rencontrerons et je vous
apporterai votre argent.
Nedfá lek drahamek fi essouq ed djaï, ntelaqaou temma ou nedjib lek ed dra-ham.

دفع لك دراهمك فى السوق الجاي نتلفوا ثما و نجيب لك الدراهم

32. Quand pourrez-vous me livrer la laine?
Faye ouocqt tenedjem tatini essouf?

في اي وقت تنجم تعطيني الصوف

33. Demain si vous voulez.
Ghodoua ida 'khabbit.

غدوا اذا حبّيت

34. C'est bien, je l'enverrai chercher demain.
Ghodoua nebfit andek bache iakhodouh.

غدوا نبعت عندك باش ياخذوه

35. Dites-moi, avez-vous des peaux à vendre?
Qoul li ândek chi. djeloud lel bié?

قل لي عندك شي جلود للبيع

36. Oui, j'ai des peaux de bœufs, des peaux de moutons et des peaux de chèvres.
Naâm ondi, djeloud el beguesr ou djeloud el ghenemi ou djeloud el maize.

نعم عندي جلود البقر و جلود الغنم و جلود المعيز

7

57. Si vous ne voulez pas les vendre
trop cher, je pourrai vous les prendre.
Loukan ma tetlob chi fihoum draham bez-
zaf iemken nakhodhoum.

لوكان ما تطلبت شى فيهم دراهم بالزاف يكن ناخذهم

38. Nous venons de faire ensemble une
affaire, cela doit faciliter la se-
conde.
Biend on cherina ana ou aiak ou hada i-
hel binatna bie akhor.

بيعنا و شرينا انا و اياك و هذا يساهل بينتنا بيع اخر

39. Faites-moi voir vos peaux.
Ouarri li el djeloud elli andek.

ورّي لي الجلود الي عندك

40. Allons, elles sont là-bas.
Aia houma ghadi.

اية هما غادى

41. Les voici.
Hahoum.

هاهم

42. Quel prix en voulez-vous?
Qaddach tehhabb fi houm?

فداش تحب فيهم

43. J'en veux...
Nehhâbe fihoum.

نحّب فيهم ...

44. Je ne vous en donne que...
Ma nâtik chi akteur men...

ما نعطيك شى اكثر من ...

45. J'ai aussi des peaux de boucs ap-
prêtées pour transporter l'huile.
*Andi zada djeloud el éterousse moudjoudin
buche iddiou ezzit fihoum.*

عندي زادا جلود العتروس
موجودين باش يديوا الزيت
فيهم

46. Combien en avez-vous?
Qaddach ândek menhoum?

فداش عندك منهم

47. Cinq douzaines.
Khamsa tezzinat.

خمسة تزينات

48. Eh bien, je les prendrai égalementment.

Mleihh nakhodhoum-zada.

مليح ناخذهم زادا

49. Que tout soit prêt demain, j'enverrai une charrette pour le prendre.

Amel li koul chi ouadjed ghodoua, nebât el karroussa bâche teddi houm.

اعمل لي كل شى واجد غدا نبعث الكروسة باش تدّيهم

50. Dites-moi, l'huile est-elle chère cette
année?

Qoul li, ezzit hia chi ghalia fi had el âame?

قل لي الزيت هي شى غالية فى هذا العام

51. Plus que l'année dernière.

Akteur men fi eldâme eloueul.

اكثر من فى العام الاول

52. En avez-vous?

Andek chi menha?

عندك شى منها

53. Oui, et de fort bonne.
    Andi zit âdima.

عندي زيت عظيمة

54. Faites-la-moi voir.
    Ouarri-ha li.

وريها لي

55. Volontiers, venez.
    Ma âlih, adji

ما عليه اجى

56. Que dites-vous de celle-ci?
    Ache tcqoul men hadi?

إش تقول من هذي

57. Elle est très-claire.
    Hia safia bezzaf.

هى صافية بالزاف

58. Elle est très-douce.
    Hia hhaloua bezzaf.

هى حلوة بالزاف

59. Elle est très-forte.
    Hia qouia bezzaf.

هى قوية بالزاف

60. J'en ai de meilleure.
    Andi kheir men hadi.

عندي خير من هذي

61. Ne pourriez-vous pas m'en envoyer
    à Alger ?
    Tenedjem chi tebát li menha fel djé-
    zair ?

نجم شي تبعت لى منها فى الجزير

62. C'est facile.
    Hadja sahela.

حاجة ساهلة

63. Combien me la vendrez-vous la livre ?
    Qaddach tebié ha li erretol ?

فداش تبيعها لي الرطل

64. Allons, c'est une affaire faite.
    Aia, iekfi men el klam.

ايها يكفى من الكلام

65. Faites-la partir demain, je la recevrai
    à Alger.
    Ebát ha ghodoua neqobel ha fi el djé-
    zaïr.

ابعثها غد خذوا نقبلها فى الزاير

66. Voici vingt francs d'arrhes.
    Khoddcher infra boun kn ár

خذ عشرين بونك عربون

67. Adieu, sidi Mohammed.

Ebqa âla kheir ia sidi Mohammed.

ابقى على خير يا سيدي محمد

68. J'espère que nous ferons d'autres affaires ensemble, et s'il plaît à Dieu
nous y trouverons l'un et l'autre
notre profit.

نبيعوا ونشريوا مرة اخرة انا وإياك
وان شا الله نربحوا الاثنين

*Nebiêou ou necheriou meurra okhera ana
ou iak ou ine cha allah nerbehhou el
etsenine.*

OBSERVATION SUR LES CHAPITRES I A VI.

—

Ainsi qu'on a pu le remarquer, les chapitres qui précèdent contiennent les éléments des conversations les plus courantes et surtout de celles qui ont le plus de rapports avec les relations, presque toujours spéciales, d'Européen à Indigène.

Cette particularité nous fait recommander les chapitres I à VI à l'attention de nos lecteurs.

CHAPITRE VII

—∞—

1. Bonjour, Monsieur.
   Sbahh el kheir ia sidi.

2. Avez-vous une chambre ?
   Andek chi bite?

3. Oui, Monsieur, et un bon lit.
   Naâm ia sidi ou zada frache mlikh.

صباح الخير يا سيدي

عندك شى بيت

نعم يا سيدي و زادا فراش مليح

4. Donnez-moi à dîner.
   Atini nettâcha.

5. Que voulez-vous?
   Ache tehabbe?

6. De la soupe, du pain et du vin.
   Nehabbe marqa ou khobz ou cherab.

7. Voulez-vous aussi de la viande et des
   légumes?
   Tehhabbe chi zada lahhme ou khodera?

8. Donnez-moi un peu de bœuf.
   Athini chouia lahme begri.

9. J'ai aussi du veau et du mouton.
   Andi zada lahhme oukrife ou lahhme kobche.

اعطيني نتعشا

اش تحبّ

نحبّ مرقة وخبزو شراب

تحبّ شى زادا لحم و خضرة

اعطيني شوية لحم بقري

عندي زادا لحم وكريو ولحم كبش

10. Un peu de salade et de fromage me suffiront.

Chouia selata ou chouia djebène iezzi li.

شوية سلاطة وشوية جبن يزي لّي

11. Voulez-vous du café ?

Tehhabbe chi qahoua?

تحبّ شى فهوة ؟

12. Je préfère du thé.

Kheir tatini et taye.

خير تعطيني النّاي

13. Votre couvert est mis.

El tabula ouadjeda.

الطّاولة واجدة

13 bis. Il n'y a que la cuiller et la four- chette.

Ma temma chi illa mghorfa ou fourketta.

ما تمّا شى آلّا المغرفة و البوركتّه

14. J'ai oublié le verre et le couteau.

Nsite el kas ou el khodemi.

نسيت الكاس و الخدمى

15. Donnez-moi une assiette.

Atini tebeçi.

اعطيني تبسي.

16. Combien vous dois-je ?
Qaddache tesal-li ?

فدّاش تسال لي

17. Vous paierez demain matin.
Tekhallesse ghodoua es-sebahh.

تخلص غدوا الصباح

18. Je vais me coucher.
Nemchi norqod.

نمشي نرقد

19. On va mettre des draps au lit.
Derouoq iàmelou el izarat fel frache.

دالوقت يعملوا اليزارات فى الفراش

20. Dépêchez-vous, s'il vous plaît.
Ourassek estâdjel.

وراسك استعجل

21. Votre chambre est prête.
Bitek ouadjeda.

بيتك واجدة

22. Merci ; réveillez-moi de bonne heure.
Iketter kheirek, qiieme-ni bekri.

يكتّر خيرك قيّمني بكري

23. A six heures.
Fi sette sadte.

24. Je n'oublierai pas.
Ma nensa chi.

25. Bonne nuit.
Liltek sáida.

26. Monsieur, levez-vous!
Qoume ia sidi!

27. Il fait jour.
Teldate ech-chems.

28. Apportez-moi une tasse de lait.
Djibli khallabe hhalibe.

29. Je n'ai que du lait de chèvre.
Ma andi che illa hhalibe mdza.

30. C'est égal. Apportez-en.
Ma kane khadja. Djib mennou.

في الستة ساعات

ما نسى شى

ليليتك سعيدة

فوم يا سيدي

طلعت الشمس

جب لي حلّاب حليب

ما عندي شي الا حليب معزة

ما كان حاجة جب منه

31. Ce lait est excellent.
Had el khalibe mlihh bezzaf.

هذا الحليب مليح بالزاف

32. Il est toujours ainsi au printemps.
Houa daime kakda fer-rebié.

هو دايم هكذا فى الربيع

33. Il est moins bon en été.
Ma houa chi mlihh hakda fes-sife.

ماهوشى مليح هكذا فى الصيف

34. Je le préfère en automne, car alors il sent moins l'herbe.
Nehhabbou kheir fi zmane el kherife ála khater fi dak el ouóqt má flche rihhate el hhachiche.

نحبّه خير فى زمان الخريو على خاطرفى ذاك الوقت ما فيه شى ريحة الحشيش

35. En hiver il n'est pas bon.
Houa ma chi mlihh fech-chela.

هوما شى مليح فى الشتا

36. Notre lait fait du beurre parfait. حليبنا يخرج منه زبدة عظيمة
  Hhalibna ikhrodj mennou zebda ádima.

37. Faites-m'en goûter. اعطيني ندوق منها
  Atini nedouq menha.

38. En effet, il est délicieux. بالصح هى عظيمة
  Bessahh hia ádima.

OBSERVATIONS SUR LE CHAPITRE VII.

———

On remarquera que, dans ce chapitre, les phrases françaises sont quelquefois traduites par une idée analogue en arabe et non par un mot à mot servile; par exemple, au n° 20, *s'il vous plaît* est rendu par : *ourassek* qui signifie : *par ta tête*, c'est un idiotisme algérien. Au n° 30, *c'est égal* est rendu par: *ma kane hadja*, idiotisme algérien qui signifie: *il n'y a pas chose*. Au n° 13 le mot *fourchette* est traduit par *fourketta*; ce mot n'est pas arabe, mais l'usage l'a naturalisé depuis quelque temps; il en est de même du mot: *taoula*, pour exprimer une de nos tables, meuble inconnu aux Algériens avant 1830. On remarquera au n° 16 que : *Combien vous dois-je?* est rendu par : *combien me réclamez-vous? quaddache tesal li?*

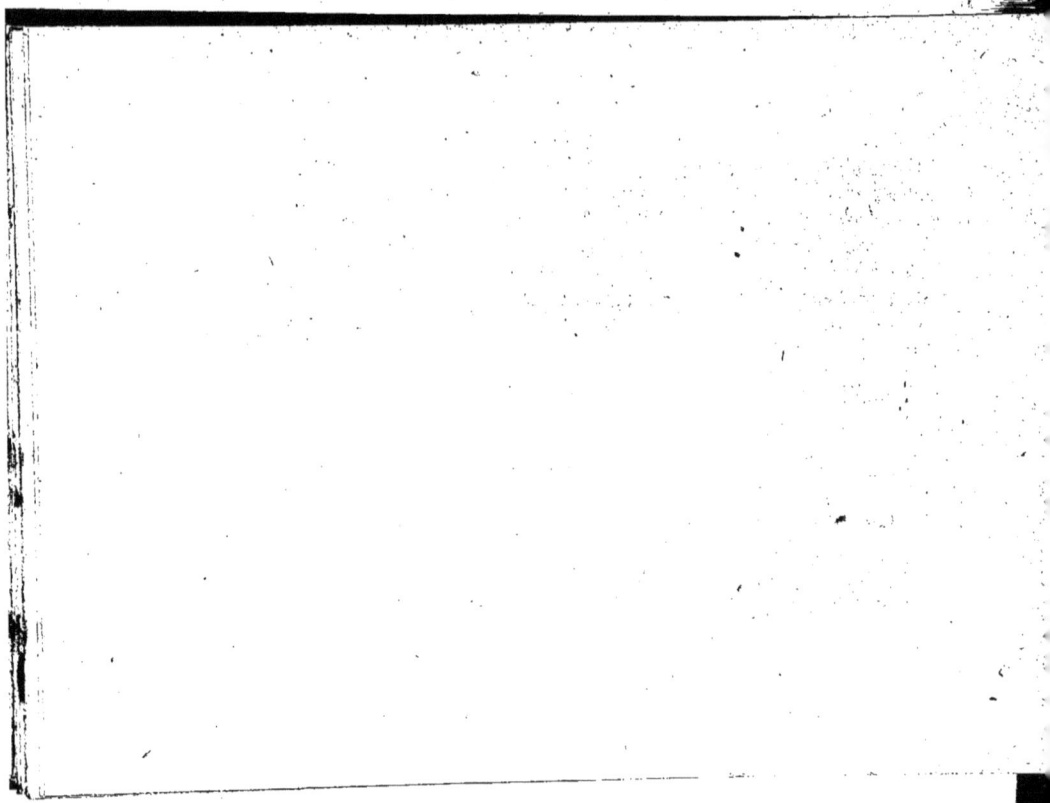

CHAPITRE VIII.

—

NUMÉRATION.

Jusqu'à vingt les nombres ont chacun un nom particulier. En voici la liste :

1. — *Ouahhed.*   واحد   2. { *Zoudj.*   زوج
{ *Etnine.*   أثنين

3.	— Tleta.	ثلاثة	12.	— Tenache.	اتناش
4.	— Arbâ.	اربعة	13.	— Tletache.	ثلتاش
5.	— Khamsa.	خمسة	14.	— Arbâtache.	اربعتاش
6.	— Setta.	ستة	15.	— Khamstache.	خمستاش
7.	— Sebâa.	سبعة	16.	— Settache.	ستاش
8.	— Temènïa.	ثمانية	17.	— Sebâtache.	سبعتاش
9.	— Tesâa.	تسعة	18.	— Tementache.	ثمنتاش
10.	— Achera.	عشرة	19.	— Tesâtache.	تسعتاش
11.	— Ahhdache.	احداش	20.	— Ocherinne.	عشرين

De 20 à 30, on se sert des dix premiers nombres, en les faisant suivre de : ou ôcherine. Ex : 24 arba ou ôcherine. — 30 se dit tlétine. — De 30 à 40 on se sert des dix premiers nombres en les faisant suivre de : ou tlétine. Ex. : 34, arbâ ou tlétine.

Et ainsi de suite jusqu'à 100 en faisant toujours suivre les dix premiers nombres du nom de la dizaine qu'on veut indiquer.

DIZAINES.

10.	Achera.	عشرة	60.	Settine.	ستين
20.	Ocherine	عشرين	70.	Sebâine.	سبعين
30.	Tlétine.	ثلاثين	80.	Temanine.	ثمانين
40.	Arbâine.	اربعين	90.	Tesaïne.	تسعين
50.	Khamesine.	خمسين	100.	Mia.	مائة

Mille se dit : *alfe.* الف

LISTE DES ADJECTIFS LES PLUS USITÉS.

Bon,	Mlehh.	مليح	Joli.	Drife.	ظريف
Beau.	Chebâb.	شباب	Propre.	Nedife.	نظيف
Mauvais.	Douni.	دوني	Droit.	Mestoui.	مستوي
Joli.	Djemil.	جميل	Large	Ouassâ.	واسع

Haut.	Aali.	عالي	Long.	Touile.	طويل
Bas.	Ouati.	واطي	Sale.	Mouesseuhk.	موسخ
Etroit.	Dique.	ضيق	De travers.	Mdoueudj.	معوج
Rond.	Medoueur.	مدور	Épais.	Khechine.	خشين
Grand.	Kebir.	كبير	Mince.	Reqique.	رفيق
Petit.	Seghir.	صغير	Carré.	Merabbâ.	مربع
Court.	Qessir.	قصير			

| En long | se dit | Bettoule. | بالطول |
| En large | — | Bel ârde. | بالعرض |

FIN.

TABLE DES MATIÈRES.

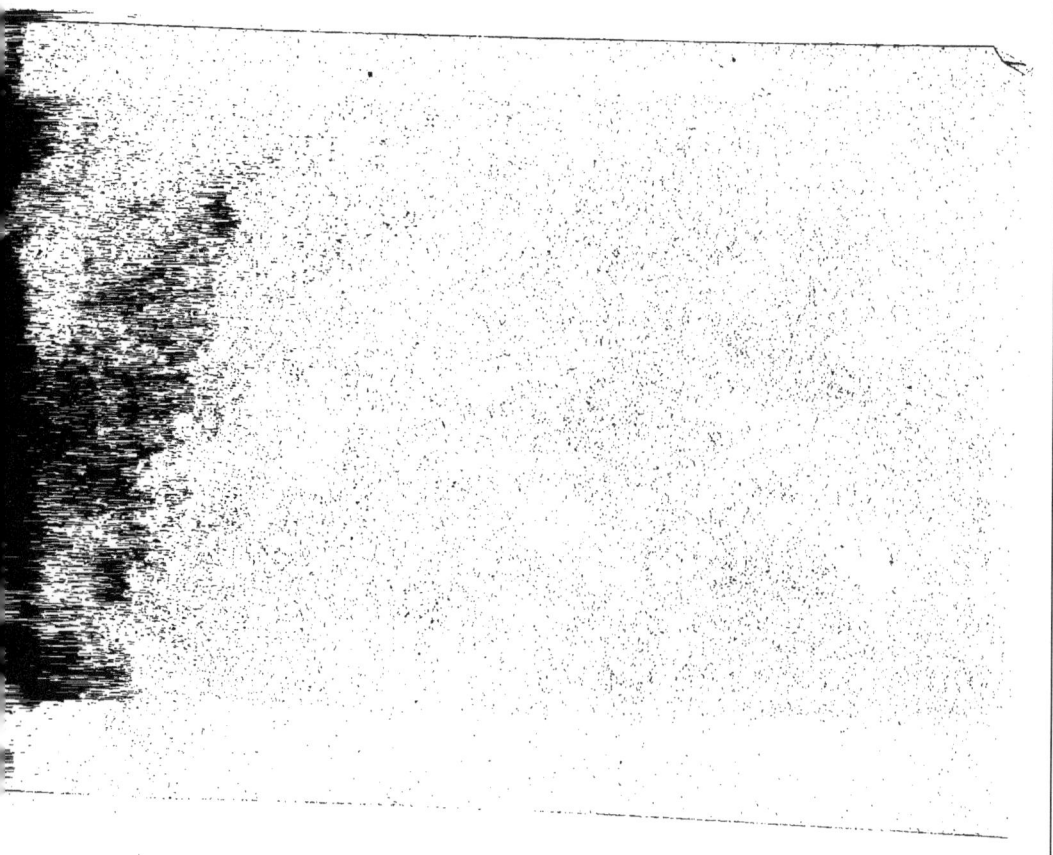

www.ingramcontent.com/pod-product-compliance
Lightning Source LLC
Chambersburg PA
CBHW071828090426
42737CB00012B/2208